NOTICE

SUR

M. L'ABBÉ PIERRE-JOSEPH SIGNE

CHANOINE HONORAIRE

SUPÉRIEUR HONORAIRE DU SÉMINAIRE DE VESOUL

SUPÉRIEUR DE LA COMMUNAUTÉ DE SAINT-MAUR

> Lorsque le patriarche Jacob eut achevé les dernières recommandations qu'il adressait à ses fils, il joignit ses pieds sur sa couche, et mourut ; on le transporta dans son pays, et il y fut inhumé au milieu de son peuple.
>
> (GENÈSE, XLIX. 32.)

VESOUL

IMPRIMERIE DE A. SUCHAUX

—

1890

NOTICE

SUR

M. L'ABBÉ PIERRE-JOSEPH SIGNE

CHANOINE HONORAIRE

SUPÉRIEUR HONORAIRE DU SÉMINAIRE DE VESOUL

SUPÉRIEUR DE LA COMMUNAUTÉ DE SAINT-MAUR

Un prêtre aussi respectable que modeste, aussi sympathiquement connu du clergé bisontin qu'ignoré du monde, vient de mourir au Séminaire de Vesoul, le 31 décembre 1889, dans la quatre-vingtième année de son âge et les sentiments de la plus grande piété. Nous lui devons une courte notice.

M. Pierre-Joseph Signe naquit à Mandrevillars, alors de la paroisse de Buc, le 30 janvier 1810. Sa famille, dans laquelle on compte un pieux capucin, mort à Strasbourg, avait caché les prêtres pendant la Révolution, et notamment M. Didier, curé de Buc. Son père était surtout très charitable envers les malheureux. Parmi ses nombreux enfants, dont trois vivent encore et jouissent d'une grande considération dans leur pays, Joseph était l'aîné et devait avoir la meilleure part : le Seigneur se l'était réservé. Il n'avait pas encore déposé la robe de la première enfance que déjà il servait la messe de M. Richardot, son vieux curé, de qui il avait reçu le saint Baptême. Son enfance se passa dans les travaux rustiques ; il fut surtout berger, aimant beaucoup, disait-il, les oiseaux et les chants : les hymnes et les cantiques étaient alors les chansons de son village.

Le successeur de M. Richardot était un ancien constitutionnel de Strasbourg, auquel l'Ordinaire de Besançon n'avait pas jugé à propos d'accorder la juridiction pour Mandrevillars, qui appartenait à notre diocèse. En conséquence, Joseph Signe dut aller au catéchisme dans un village voisin, à Châlonvillars, où il fit sa première communion en 1822. Cette grande action donna un nouvel essor à ses sentiments, surtout à la vocation ecclésiastique, qu'il sentait comme innée en lui. Pour y correspondre, il se mit d'abord à l'étude du latin chez l'instituteur de son hameau, M. Guillercy, de Lomont, bachelier ès lettres, ancien séminariste ; puis il alla continuer ses études à Luxeuil en 1824, sous la sage et paternelle direction de M. Brésard. Il eut pour professeurs M. Jacquel, curé de Cemboing ; MM. Guilley, de Saint-Loup, et M. Jeannier, curé de Luxeuil. En ce temps-là on faisait ses études à la hâte et *per saltum,* pour arriver plus vite au sacerdoce, afin de remplacer les anciens confesseurs de la foi dont les rangs s'éclaircissaient de plus en plus, au grand détriment des âmes. Pour ce motif, Joseph Signe ne fit pas de rhétorique. En 1827, il était en philosophie à Ecole, sous M. Ducreux, dont le nom n'est pas resté sans gloire parmi ceux des Missionnaires de France. La classe était de 120 élèves. M. Signe y obtint, avec M. le Vicaire général Ruckstuhl, le premier prix de dissertation.

Mgr Gousset fut son professeur de théologie, ainsi que M. Blanc ; et le vénérable M. Breuillot, ce Vincent de Paul de notre diocèse, était encore là pour lui donner l'exemple de toutes les vertus. En 1831, ses cours étaient finis bien avant qu'il n'eût l'âge requis pour le sacerdoce. Pour en tirer un bon parti, on l'envoya au séminaire de philosophie à Ecole, en qualité de surveillant. Sa douceur, son bon sens et ses vertus le rendirent bientôt recommandable à ses élèves. Il réussissait dans sa fonction, et s'y trouvait heureux ; mais un orage allait venir.

En 1832, M. Jeanjacquot venait de quitter la chaire de philosophie pour reprendre à Besançon celle de théologie ; il fallait le remplacer. Mgr le Cardinal de Rohan, sur l'avis de M. Bautain, de Strasbourg, nomma M. l'abbé Isidore Goschler à ce poste, avec recommandation de combattre avec prudence les doctrines lamennaisiennes, pour lesquelles on se passionnait outre mesure. Le nouveau professeur, ancien élève de médecine, juif converti, néophyte dans le sacerdoce, ne manquait assurément pas de talent ; il jouissait d'une grande facilité de parole, mais il avait une imagination ardente, un caractère opiniâtre, peu de

logique, et, par-dessus tout cela, il était étranger. On l'accueillit froide-
ment, et il ne tarda point, par ses expressions hardies, ses opinions
particulières, ses attaques violentes et des comparaisons qui sentaient
trop l'amphithéâtre, à blesser son auditoire. De là une insurrection
regrettable de la part des élèves, que M. Signe, malgré ses efforts, fut
impuissant à comprimer ; il était vraiment entre le marteau et l'enclume.
La mort du Cardinal de Rohan put seule mettre fin au conflit. M.
Goschler annonça pompeusement cette grave nouvelle et descendit de
sa chaire pour n'y point remonter.

Il fallait un nouveau maître : c'est alors que M. Signe fut improvisé
professeur de philosophie. Il expliquait la philosophie dite de Lyon, et
ses élèves, contents du départ de M. Goschler, lui furent aussi respec-
tueux et soumis qu'ils s'étaient montrés ardents contre son prédécesseur.

La même année, M. Signe reçut le sacerdoce et dit sa première
messe dans la chapelle des Missionnaires, assisté de tous ses élèves et
de M. Quevy, son digne supérieur. En 1834, commence une nouvelle
phase de sa vie.

Mgr Mathieu avait ordonné le transfert du séminaire de philosophie
à Vesoul. M. Quevy et M. Signe se hâtèrent, pendant les vacances de
Pâques, de préparer toutes choses : on chargea quelques voitures d'un
mobilier tout à fait pauvre, et M. le Supérieur, M. Signe et une vieille
domestique de l'établissement d'Ecole vinrent s'installer aux Capucins.
Les élèves arrivèrent à leur tour, et M. Signe reprit sa classe. L'enseignement de la philosophie était alors difficile. Dans le tohu-bohu des
opinions sur le criterium de certitude, au sujet duquel bon nombre de
philosophes ne cessaient de s'évertuer, M. Signe, toujours timide, ne
savait plus que faire. Après deux ans de travail et d'inquiétude, il se
trouva sur les dents, il était épuisé. Condamné au repos, il ne s'occupa
plus que de leçons de chant, de quelques surveillances et d'une petite
partie de l'Economat. Ce fut M. l'abbé Marmier qui lui succéda dans
l'enseignement.

La fondation du pensionnat de Saint-Maur, en 1839, par Mgr Mathieu,
vint heureusement lui fournir l'occasion d'exercer son zèle sans
compromettre sa santé toujours délicate. Il devint aumônier de cet
établissement important, et plus tard il en fut le Supérieur. Il lui donna
une grande partie de son cœur, s'y dévoua autant qu'il put, et mérita,

jusqu'à sa mort, l'affection filiale, le respect et la reconnaissance des élèves et de leurs excellentes maîtresses.

En 1854, il fit acte de grand dévouement en allant se mettre à la disposition de M. Rouge, curé de Gy, pour administrer les Sacrements aux nombreux cholériques de cette paroisse. Il en fit autant pour celle d'Amblans, en 1856.

Quant au reste, il continuait à remplir au Séminaire ses modestes fonctions, reprenant de temps en temps et par intérim le cours de philosophie, en qualité de professeur suppléant. Il eut néanmoins un instant, par délicatesse de sentiments, la velléité de quitter un établissement où il ne se croyait plus assez utile; mais le Cardinal Mathieu, qui l'aimait beaucoup, le rassura en lui disant : « Mon cher ami, vous étiez à la fondation du Séminaire, vous y resterez et vous y mourrez. »

Entre temps, M. Vernerey, qui avait remplacé M. Quevy dans le Supériorat et vécu de longues années avec M. Signe dans la plus étroite amitié, fut nommé Chanoine titulaire. M. Signe lui succéda comme Supérieur à l'âge de soixante-trois ans, et il le fut pendant dix ans, avec un zèle, un dévouement et une abnégation vraiment remarquables. Les élèves l'aimaient et le vénéraient tous ; les professeurs ne l'estimaient pas moins, et, mieux que personne, ils pourraient nous dire toutes les vertus qu'ils l'ont vu pratiquer. Mgr Paulinier, pour l'encourager et récompenser ses longs services, le nomma Chanoine honoraire en 1876.

Cependant les années s'accumulaient sur sa tête, une faiblesse progressive trahissait sa bonne volonté, le repos s'imposait à ce cher Supérieur. Mgr Foulon le comprit, et, lui conférant le titre de Supérieur honoraire, il nomma pour lui succéder M. l'abbé Colombot, ancien professeur de l'établissement. Celui-ci nous a déclaré lui-même qu'il ne chercha point à remplacer son vénérable maître et son digne prédécesseur, mais qu'il fut simplement son aide et son collègue, prenant avec bonheur ses conseils et tâchant par tous moyens de lui rendre sa retraite aussi heureuse qu'honorable. Il ajoutait que les six années qu'ils ont passées ensemble avaient été pleines de charmes, qu'il était heureux de se montrer un bon fils à l'égard d'un tel père...

M. Signe allait avoir quatre-vingts ans, la mort ne devait pas tarder à venir. Elle vint, hélas ! encore plus tôt qu'on ne s'y attendait. A peine averti du danger qu'un léger refroidissement pouvait lui faire courir, il demanda et reçut les derniers Sacrements des mains de M. le Curé de Vesoul, en présence du Supérieur, des professeurs et des élèves à genoux devant sa couche, comme autrefois les enfants de Jacob autour de leur père mourant. Comme ce patriarche, il les bénit, leur fit ses dernières recommandations, demandant pardon à tous et pardonnant au besoin, et tout cela par l'organe de M. le Supérieur, qui répétait ses paroles ; et il ajouta ce suprême adieu, qui fit couler bien des larmes : « *Miseremini mei, miseremini mei, saltem vos, amici mei, quia manus Domini tetigit me.* »

Quelques jours après, il expirait comme une lampe épuisée qui s'éteint : c'était le dernier sommeil du juste avant le réveil de l'éternité ! Les professeurs et les élèves du Séminaire, qui l'aimaient comme un père et le vénéraient comme un saint, le pleurèrent filialement, et ils ne l'oublieront point dans leurs prières.

Ses obsèques, auxquelles Mgr l'Archevêque regretta beaucoup de ne pouvoir prendre part, comme il le témoigne dans une lettre toute paternelle, furent présidées par M. le Curé de Vesoul ; elles étaient magnifiques. Plus de soixante-dix prêtres y assistaient, à la suite de M. le Vicaire général Dubillard et de M. le Supérieur du Séminaire. On distinguait parmi eux M. Michelot, Econome du grand Séminaire, un missionnaire d'Ecole, MM. les Supérieurs des petits Séminaires de Luxeuil et de Marnay, MM. les Doyens de Faverney, de Saint-Loup, de Port-sur-Saône et de Villersexel, etc. Venaient ensuite d'honorables laïques, tous amis de la maison, les séminaristes, Mesdames les Religieuses de Saint-Maur, l'Orphelinat Bourdault, et des représentants de toutes les Communautés religieuses de la cité.

A Buc, où le cher défunt avait désiré qu'on transportât ses restes, la cérémonie, présidée par M. le Curé de Belfort, ne fut pas moins émouvante, quoique plus restreinte. La paroisse était là tout entière ; trente prêtres du territoire de Belfort formaient une couronne autour du cercueil ; les parents, les quatre prêtres de la famille et le digne M. le Curé de Buc conduisaient le deuil. Celui-ci n'avait rien négligé pour donner à ces funérailles tout l'éclat possible. Sans les pleurs de l'assistance et tout l'appareil funèbre, on eût cru qu'on célébrait une grande fête.

M. le Supérieur du Séminaire de Vesoul prit enfin la parole pour rappeler la vie et les vertus sacerdotales de M. Signe et le recommander aux prières de tous. Son texte s'appliquait si bien à la circonstance, que, l'ayant pris pour épigraphe, nous le répétons ici comme l'abrégé de tout ce que nous venons de dire : « *Finitisque mandatis quibus filios instruebat, collegit pedes suos super lectulum et obiit ; appositusque est ad populum suum !* » (GEN., XLIX. 32.)

Miseremini mei, Miseremini mei,
Saltem vos, amici mei,
Quia manus Dómini tetigit me !

(JOB., XIX. 21.)

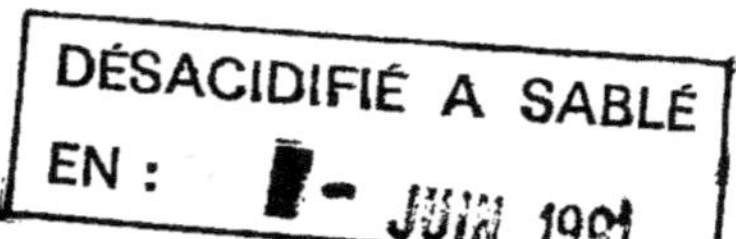

www.ingramcontent.com/pod-product-compliance
Lightning Source LLC
LaVergne TN
LVHW010924180726
843502LV00010B/4294